Maria D'Amato e Davide Sala

Antichi PROVERBI CINESI

la saggezza dell'Oriente

DEMETRA

Ideazione, redazione e impaginazione: Sedigraf, Blevio (Como)
Copertina: Costantina Fiorini

Gli ideogrammi, che traducono i titoli di sezione, sono stati realizzati da Da-Mei

ISBN 88-440-1671-0

prima edizione: febbraio 2000

Ristampa	*Anno*
5 4 3 2 1	*2006 2005 2004 2003*

Stampato presso Giunti Industrie Grafiche S.p.A. Stabilimento di Prato

INTRODUZIONE

È proprio vero che *tutto il mondo è paese*. Ma anche che *non si finisce mai di imparare*. Questi i due (italianissimi) proverbi che proponiamo come guida ideale alla lettura del presente volumetto. A lungo ci siamo interrogati sull'introduzione che avremmo dovuto dare a questa raccolta realizzata grazie a tre anni di viaggi e studi, alla grande disponibilità dell'Associazione Italia-Cina di Milano e all'aiuto di tanti amici che ci hanno dimostrato concretamente la leggendaria ospitalità del popolo cinese. Dopo lunghe discussioni abbiamo deciso che non potevamo dilungarci, dato lo spazio limitato, sulle modalità di raccolta, cernita e rielaborazione dei vari proverbi; né volevamo annoiare il lettore con una trattazione scolastica delle fonti filosofiche da cui molti di essi hanno tratto spunto, trasferendosi lentamente dalla cultura 'alta' degli antichi mandarini a quella dell'uomo della strada. Ciò che ci è saltato immediatamente agli occhi, rileggendo questo libro, è stato il ripetersi di temi tanto comuni alla nostra cultura rivestiti di una sensibilità lontana anni luce da quella occidentale. Ciò crea una specie di corto circuito culturale che ci permette di penetrare in una visione del mondo caratterizzata dalla congiunzione dei contrari: il piano spirituale si fonde con quello materiale e un pragmatismo estremo va di pari passo con una visione altamente idealizzata dell'uomo e delle sue azioni. La lettura di questi proverbi, dunque, non sarà soltanto un'occasione preziosa per accostarsi a una cultura esotica ed estremamente affascinante, ma anche per riflettere utilmente sulle analogie che legano le culture popolari di tutto il mondo.

Maria D'Amato
Davide Sala

Ringraziamenti
Per la disponibilità e i preziosi consigli ringraziamo in particolare l'Associazione Italia-Cina, via Bagutta 24, Milano (tel 02/76005827); e Mr. Lee Wen Tai, ricercatore presso l'Università Popolare di Pechino.

IL MONDO

Per quanto sia grande il mondo e diverse siano le genti, a tutti piacciono il sale e l'argento.

Chi vive vicino al fiume conosce la natura dei pesci; chi dimora fra le colline sa riconoscere il cinguettio dei diversi tipi di uccelli.

Chi abita in un nido conosce i venti, chi abita in una grotta conosce le piogge.

Chi è stato morso dal serpente anche solo una volta avrà sempre paura di camminare nell'erba alta.

A ogni singolo filo d'erba è destinata almeno una goccia di rugiada del mattino.

Assaggiata l'acqua, conosciuta
la sorgente.

Il topo conosce le abitudini degli altri
topi.

I pensieri dei ciechi sono più affilati
di un pugnale.

A volte bontà non è che un altro nome
per inutilità.

L'errore del messaggio non può ricadere
sul messaggero.

Sotto gli alberi più grandi si trova
il riparo migliore.

Non c'è altezza che non abbia al di sopra
di sé qualcosa di più alto.

Ogni contrario ha un suo contrario.

Chi sveglia una tigre addormentata
rischia la vita.

Chi cavalca una tigre ha timore
di scendere.

C'è un tempo per pescare e un tempo per asciugare le reti.

Se nel fiume non ci sono più pesci, il prezzo dei gamberi cresce.

C'è sempre un perché.

Un solo granello di feci di topo può rovinare un'intera padella di riso.

Per quanto un albero possa diventare alto, le sue foglie, cadendo, ritorneranno sempre alle radici.

Ciò che il bruco chiama fine del mondo,
il resto del mondo chiama farfalla.

Quando su un muro c'è una crepa,
è meglio abbatterlo il più presto possibile.

Per estirpare un albero si deve iniziare
recidendone le radici.

Se il fiore è buono anche il frutto lo sarà.

Anche le torri più alte hanno le loro
fondamenta nel terreno.

Se disegni male una tigre, questa
assomiglierà a un cane.

Il ferro battuto diventa acciaio.

Quando una freccia è incoccata sull'arco,
prima o poi bisogna scoccarla.

Chi arriva per primo diventa principe,
chi arriva per secondo soltanto ministro.

Non è possibile applaudire
con una mano sola.

Se la corda è lunga l'aquilone volerà
in alto.

Quando una pecora è alla guida le altre
la seguono.

Quando una nave ha aperto la strada,
per le barche è più facile seguirla.

Quando un cane comincia ad abbaiare
contro qualcosa, altri cento lo imitano.

Guardare i fiori è facile; farli crescere
è molto più difficile.

Chi va per primo segna il cammino,
coloro che seguono lo percorrono.

Una colonna piccola non può reggere
un peso grande.

Una rondine non fa primavera.

Un attore non può recitare
una commedia da solo.

Non si può tirar fuori avorio dalla bocca
di un topo.

Frequentare i potenti è come dormire con una tigre.

Quando un principe ordina a un suo ministro di morire, questi lo fa senza esitare.

Con la ragione dalla propria parte anche un figlio può correggere un padre.

Un vestito strappato può essere ricucito, un piede o una mano amputati no.

Parlare bene non vuol dire essere buoni, fare del bene sì.

È più facile scendere una collina
che scalarla.

Basta poco per rimproverare un uomo,
ma occorre molto tempo per dimenticare
un rimprovero.

Se non sai correggerti, come puoi
pretendere di correggere gli altri?

Fai un passo falso oggi e cento vite non
basteranno a redimerti.

La medesima acqua può sostenere
o affondare una nave.

È molto più facile saper fare una cosa
piuttosto che farla.

Il vero dio di un popolo è l'unione
dei suoi scopi.

L'oro convince perfino il diavolo
a spingere la mola.

LA VITA DELL'UOMO

Ci sono soltanto due uomini perfetti:
uno è morto e l'altro non è mai nato.

Nell'animo di ogni uomo, gli dèi hanno
creato cielo e terra in miniatura.

Il cuore dell'uomo è come un cavallo
che corre in discesa: è facile spronarlo,
ma molto difficile farlo fermare.

L'ambizione dell'uomo è come
il serpente che, visto un elefante, se
lo vorrebbe ingoiare: qualunque meta
raggiunga non riesce mai a essere
soddisfatta.

Nel corso della sua vita l'uomo non conosce il proprio spirito; dopo morto, dimentica il proprio corpo.

La vita dell'uomo non dura più di cent'anni, ma le sue tribolazioni sono sufficienti per mille.

Un albero rimane sempre un albero: sia esso alto o basso… un uomo rimane sempre un uomo, servo o padrone che sia.

Lo Stato è come un secchio, il popolo come l'acqua: la natura di quest'ultima è di prendere la forma del secchio.

Come nel mare non sconvolto dalla
tempesta la superficie dell'acqua
si presenta priva di increspature, così
nella società non turbata dalla ricerca
di ingiusti privilegi gli uomini sono tutti
uguali e in pace gli uni con gli altri.

Un uomo trascina il risciò; un altro viene
trasportato... eppure la loro natura
è la stessa.

L'ambizione dell'uomo si protende
verso l'alto dei cieli, ma l'acqua,
che comprende l'ordine delle cose,
scorre verso valle.

Per costruire un impero l'uomo impiega
cent'anni; per distruggerlo gli basta
un giorno.

Anche un nano, salendo di gradino
in gradino una scala alta abbastanza,
può giungere più in alto di un gigante.

Un esercito di ciechi, al seguito
di un generale cieco, è condannato
alla sconfitta.

L'unità di un popolo sa trasformare
l'argilla in oro.

Un buon cavallo non può montare due
selle: un lavoratore coscienzioso non
cerca di portare avanti due lavori nello
stesso tempo.

Su dieci calvi i primi nove sono malvagi… e l'ultimo è troppo stupido per esserlo.

L'uomo comincia a morire nel giorno in cui nasce, ma il suo spirito vive per tre generazioni (nel ricordo dei discendenti).

Nel folto della giungla possono essere celate splendide orchidee, sotto un tetto di paglia un futuro monarca.

È più facile deviare il corso di un fiume o spianare una montagna che cambiare l'animo di un uomo.

Curare il corpo è facile; curare lo spirito difficilissimo.

Nella bocca della serpe e nel pungiglione della vespa non troverai veleno altrettanto micidiale di quello che può celarsi nel cuore dell'uomo.

Anche il più stupido degli uomini diventa improvvisamente pronto di spirito allorché si trova nella possibilità di criticare gli altri; anche il più saggio perde lucidità quando si tratta di criticare se stesso.

Paragonata a quella dei saggi, la sapienza di un uomo comune è poca, ma paragonata a quella di uomini mediocri è molta.

È più facile colmare un pozzo senza fondo che soddisfare l'umana ambizione.

Per quanto possano essere profondi gli abissi in cui nuotano, i pesci possono pur sempre essere pescati; e per quanto alti volino nei cieli, gli uccelli possono pur sempre essere colpiti. Ma quello che si cela nel profondo dell'animo umano è inafferrabile.

La regola del cielo è la perfezione. La regola dell'uomo è la ricerca della perfezione.

Anche gli dèi e i geni a volte perdono la spada (nessuno è perfetto).

È destino dell'uomo troppo buono
venire sfruttato dagli altri; come è destino
di un buon cavallo l'essere domato
per primo.

Non si può mutare la natura di un uomo
mutandolo d'abito.

Un nano in mezzo ad altri nani ha
una statura dignitosa.

Dopo cinque generazioni la fama
del giusto e l'infamia dell'ingiusto
vengono entrambe dimenticate.

Il momento per salvare un uomo,
nonché verificarne la virtù,
è nelle difficoltà.

Si può disegnare il corpo di una tigre,
ma non le sue ossa; si può conoscere
il volto di un uomo, ma non il suo cuore.

Chi conosce se stesso conosce anche
gli altri.

Se gli occhi non vedono, lo stomaco
non soffre.

Le più vertiginose altezze celestiali
non sono poi così alte in paragone
a ciò cui aspira l'animo dell'uomo.

Meno si è intelligenti e più si è felici.

I sordi amano impicciarsi degli affari altrui, i muti adorano sparlare del loro prossimo.

Come una casa ha bisogno di essere abitata da almeno una persona, così una persona ha bisogno di vestiti per essere dignitosa.

Il macellaio maldestro se la prende con il coltello poco affilato.

Tra uomini della stessa religione c'è amore reciproco, tra uomini della stessa professione c'è gelosia reciproca.

Ci sono molti uomini buoni sotto un cappello trasandato.

I ciechi sanno ascoltare; i sordi hanno una vista acuta.

Coloro che non si scontrano mai con la propria coscienza non hanno paura di qualcuno che bussa alla loro porta nel mezzo della notte.

Se fai affari con un funzionario di Stato finirai in miseria, se li fai con un mercante diventerai ricco, se li fai con dei preti buddisti ti chiederanno un'offerta.

Un uomo capace può rendere meno gravoso il proprio lavoro e facendo ciò dimostra le proprie capacità; un uomo scarsamente abile crea problemi, e facendo ciò dimostra la propria incapacità.

Come gli uomini ostinati sprecano
i propri talenti, così il bue cocciuto
la propria forza.

Un uomo deciso vive con la propria
determinazione, un uomo indeciso
dipende dalla propria forza fisica.

Se vai con lo zoppo impari a zoppicare.

Per un uomo senza vergogna tutto
è propizio.

Il mascalzone è soffice come il cotone,
il pazzo duro come il ferro.

Chi non è stato truffato almeno una volta
non può diventare un mercante.

La truffa è necessaria al buon mercante
quanto la lucidatura al vasellame
di scarsa qualità.

L'unione e la solidarietà degli uomini
possono prosciugare i mari e abbattere
le montagne.

FAMIGLIA E AFFETTI

Gli occhi dell'innamorato vedono
nella fidanzata la concubina più bella
dell'impero; le orecchie dell'innamorata
sentono nella voce del fidanzato
quella del più impavido eroe.

Le donne belle non hanno bisogno
del trucco per essere belle.

A una donna si perdona tutto.

Le ragazze oneste sono spesso sfortunate,
i ragazzi intelligenti spesso
non sono belli.

Una vergine si sposa per far piacere
ai genitori, una vedova per far piacere
a se stessa.

Allorché ci si sposa non sono ammesse
mezze misure: se vuoi un uomo, accoglilo
fra le tue braccia, se non lo vuoi, gettalo
in un burrone.

La maggior parte delle brave mogli
ha pessimi mariti, e la maggior parte
dei bravi mariti ha pessime mogli.

La bontà di una casa non si giudica
dal lusso delle sue stanze,
ma dalla sua capacità di difendere
gli abitanti dai rigori del clima… l'utilità
di un vestito non si giudica
dal suo colore, ma dal caldo che tiene
a chi lo indossa… la bontà di un cibo
non si giudica dal suo prezzo,
ma dalla sua capacità di soddisfare
l'appetito di chi lo mangia… la virtù
di una sposa non si giudica
dal suo aspetto esteriore, ma dalle qualità
del suo carattere.

Una coppia di anziani che è unita
sin dalla gioventù può sembrare brutta,
ma il vestito sgualcito può essere
il più bello di tutti.

Un errore nell'agricoltura può portare
una temporanea povertà, ma sposare
la persona sbagliata comporta
una povertà eterna.

Fra marito e moglie non c'è litigio
che possa sopravvivere una notte.

Se badi a tua moglie anche gli altri
lo faranno.

I fiori domestici non sono fragranti
come quelli selvatici, ma questi ultimi non
durano quanto i primi.

Le mogli brutte e le figlie stupide sono
tesori inestimabili.

In presenza dei tuoi genitori vestiti bene,
in presenza di tuo marito spogliati.

Una donna troppo bella in famiglia
è la disgrazia di tutte le altre.

È più facile essere a capo di un regno
che a capo di una famiglia.

Il buon capofamiglia educa i propri figli in salotto, la propria moglie in camera da letto.

Tale padre tale figlio.

Se vuoi il bene per i tuoi figli fagli patire un po' di freddo e fame.

I genitori che ci mettono solamente al mondo possono essere dimenticati, coloro che invece ci crescono sono da venerarsi come i cieli.

I bravi figli non vivono di rendita sui raccolti dei genitori, le brave figlie non sempre si sposano.

I figli sono il risultato dei meriti
della vita precedente.

Di due frutti dello stesso ramo uno può
essere dolce e l'altro aspro; di due figli
della stessa madre uno può nascere
intelligente e l'altro stupido.

Un figlio non sa quanti problemi ha dato
a sua madre.

Quando un padre e un figlio vanno
d'accordo la famiglia non si sgretola,
quando i fratelli vanno d'accordo
la famiglia non si separa.

In una casa da gioco non ci sono
né padri né figli.

I genitori non possono garantire la virtù dei figli.

Solo crescendo i propri figli si può capire quanto è stato grande l'amore dei propri genitori.

Se ami i tuoi figli non risparmiare il bastone, se li odi riempili di dolci.

Crescere un figlio vuol dire separarlo dalla madre, crescere una figlia separarla dal padre.

Un figlio stupido è meglio di una figlia furba.

Come i soldi eccitano le passioni degli uomini, così i figli risvegliano i loro affetti.

La vera ricchezza sono i figli.

Tra tutte le virtù l'amore per i figli è la più importante.

La pietà filiale è la più importante delle virtù, ma essa deve essere giudicata dalle intenzioni, non dalle azioni: se si dovesse giudicare dalle azioni non esisterebbero figli dotati di pietà filiale.

Non ci sono virtù pari alla lealtà e all'amore filiale, non ci sono lavori pari allo studio e all'agricoltura.

Viziare un bambino è come ucciderlo.

L'unità di una famiglia fa la sua felicità.

Nella casa di una famiglia felice,
semplici stoviglie di ceramica risplendono
più della giada.

Rendere felice una famiglia è difficile
quanto scavare una buca nell'argilla
servendosi di uno spillo.

Quando una famiglia è affamata, cento
famiglie devono unirsi per aiutarla.

I litigi di famiglia devono rimanere
in famiglia.

Ogni paese ha le sue leggi, ogni famiglia
le sue regole.

Quando una famiglia litiga troppo
ad alta voce, i vicini di casa se la ridono.

Nemmeno il più saggio dei giudici
sa giudicare un litigio fra parenti.

È molto più facile dividere dei fratelli
che dei campi.

La povertà distrugge i legami.

Si dividono gioie e dolori.

In famiglia cerca l'armonia, in un amico la sincerità.

L'intelligenza protegge un solo uomo, la ricchezza e l'onore proteggono un'intera famiglia.

Una famiglia con cibo e vestiti in abbondanza è l'invidia di mille altre famiglie, la gloria di una vita provoca il risentimento di cento generazioni.

Una famiglia povera è come un vestito lavato troppe volte, una famiglia ricca ha l'aspetto di un abito nuovo di zecca.

Una famiglia che ha presso di sé un anziano ha presso di sé il più bello degli ornamenti e il più prezioso dei tesori.

Si può essere vecchi e conservare giovane il cuore; si può essere poveri e mantenere un animo nobile.

Non maltrattare gli anziani, se vuoi essere trattato gentilmente quando lo sarai tu.

Meglio morire con dieci anni di anticipo che vivere una vecchiaia di stenti.

Chi si ritira in un ospizio per anziani quando ha ancora vent'anni gode della vera felicità con troppi anni di anticipo.

Vecchiaia e saggezza sono buone compagne.

Non c'è nulla come un vestito nuovo, nulla come un uomo anziano.

Se vuoi essere un uomo buono chiedi consiglio a tre uomini anziani.

I capelli bianchi non sono solo sulle teste
di uomini anziani, ma anche su quelle
dei giovani.

A settant'anni un uomo è una candela
nel vento, a ottanta brina sulle tegole
del tetto.

L'uccellino saggio si sceglie con cura
il ramo su cui costruisce il proprio nido...
un buon capofamiglia sceglierà con cura
i propri vicini di casa.

Avere buoni vicini di casa è come avere
una casa più grande.

Un mare lontano non riesce a spegnere
il fuoco con l'efficacia di una fontanella
a portata di mano... Parenti e amici
che vivono lontano non possono essere
altrettanto solidali di semplici conoscenti
che vivono nella stessa strada.

Se vuoi sapere la verità a proposito
di qualcuno... vai a chiedere a quelli
che vivono nel suo stesso palazzo.

Chi fa del male a un mio amico
fa del male anche a me.

Puoi accompagnare un amico
sulla sua strada per migliaia di miglia,
ma è inevitabile che un giorno le vostre
strade si separino.

Un amico gentile è meglio di un fratello scortese.

Non c'è gioia più grande che trovare nuovi amici, non c'è dolore più grande che separarsi dai vecchi amici.

Per chi ha amici in ogni luogo ogni luogo è piacevole.

Quando gli uomini sono amici anche l'acqua è dolce.

È difficile diventare amici in un anno, ma è molto più facile offendere un amico in un'ora.

Senza un buono specchio una donna
non può conoscere il suo vero aspetto,
senza un vero amico un uomo non può
conoscere i propri errori.

Incontrare un amico dopo tanti anni
è come godersi una pioggia rinfrescante
dopo un periodo di siccità.

I vestiti migliori sono quelli nuovi, ma fra
gli amici i migliori sono i più vecchi.

Se il destino lo vuole, sebbene separati
da mille chilometri ci si incontra,
se il destino non lo vuole
non ci si incontrerà mai.

Se incontri un nobiluomo avrai un buon pasto, se incontri un funzionario indosserai i vestiti di corte.

Una famiglia unita è sempre più numerosa di una famiglia divisa.

Un padre deve sempre ricordare che quando morirà lascerà in questo mondo i propri figli, e che questi a loro volta vi lasceranno i propri: lasci dunque loro la maggior fama e la minor infamia possibili.

CIBI E BEVANDE

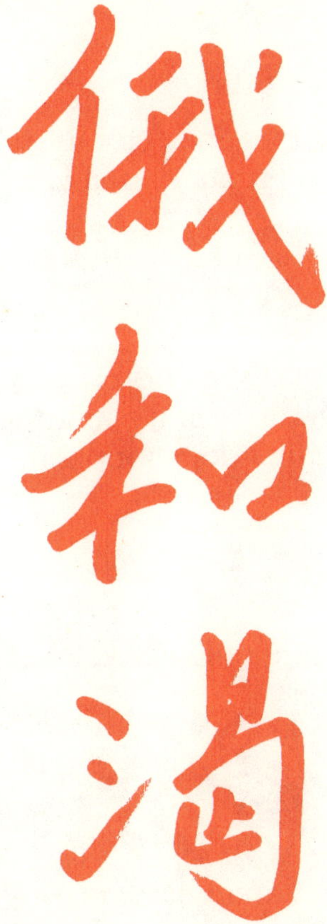

La fame rende squisita anche una ciotola
di farina bollita.

Un solo giorno senza cibo è sufficiente
per spezzare l'unità di una famiglia.

Una brava casalinga non si preoccupa
di quanto grande sia il suo appetito,
ma della qualità dei suoi piatti.

Nel mangiare e nel vestire non infrangere
le regole.

Prima pensa a mangiare, poi a vestirti.

Se aspiri a un buon pasto siediti
alla tavola di un burocrate.

Ogni goccia d'acqua bagna e nutre
ogni filo d'erba.

Cannella e zenzero: più invecchiano
e migliore è il loro sapore.

Più si mangia e meno si sentono i sapori,
meno si mangia e più si sentono i sapori.

Quando al mattino il gallo canta ho fame,
se canta anche a mezzogiorno
il mio stomaco è vuoto.

Se vuoi sempre essere sazio evita
di pensare troppo a mangiare e, così
facendo, di uccidere le creature
della natura senza ritegno.

Una ciotola in mano vale molto.

Qualunque cibo soddisfi la fame
è un ottimo cibo.

Se sei in viaggio, non preoccuparti
della distanza, ma della meta... se ti siedi
a un banchetto, non guardare
alla quantità, ma alla qualità dei piatti
che ti vengono serviti.

Chi mangia un pugno di riso in più
a pranzo ne mangia uno in meno a cena.

Se vuoi vivere cent'anni non eccedere
mai nel vestire e nel mangiare.

Se hai fame non essere schizzinoso
con il cibo che ti viene offerto...
se hai freddo non esserlo con gli abiti
che ti vengono regalati.

Dentro al bicchiere le conversazioni
galleggiano lievi.

Il vino scioglie i segreti.

In compagnia di un buon amico mille
bicchieri di vino e mille parole
non bastano, ma davanti a un nemico
mezza frase è già fin troppo.

Chi ha abbastanza vino avrà sempre
amici.

Vino e concubine hanno rovinato gli eroi
più coraggiosi.

Le medicine possono curare le malattie
immaginarie, ma il vino nulla può contro
una vera infelicità.

La colpa dell'ubriachezza non sta
nel vino, ma in chi lo beve.

Se vuoi smettere di bere osserva
attentamente, da sobrio,
il comportamento di un ubriaco.

Per chi è assetato una sola goccia d'acqua
è rinfrescante come la rugiada
del mattino, ma per chi è già ubriaco
un'intera bottiglia di vino è meno
di niente.

Ricorda sempre di non bere mai più
di quanto tu possa caricarti sulle spalle.

Non si può mai bere tutto il vino che c'è
in vendita.

Le parole degli ubriachi si perdono
nel vento.

Una sola notte fra le gioie del bicchiere
ti fa perdere dieci giorni di salute
e buonumore.

Se continuerò per tre anni a bere vino, alla fine mi ritroverò senza il becco di un quattrino… ma se anche non bevessi, non per questo mi arricchirei, perciò tanto vale continuare a bere…

Bevi solo con gli amici, recita poesie solo con un poeta.

Dividere il proprio riso e il proprio vino con un amico sincero sazia e disseta il doppio.

RICCHEZZA E POVERTÀ

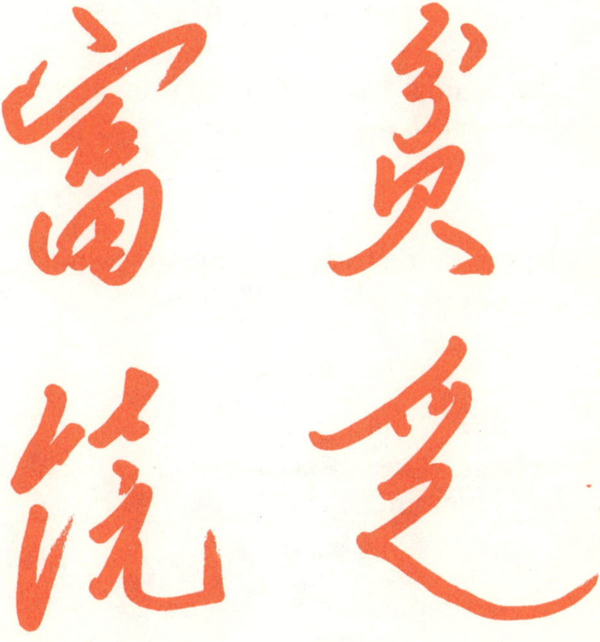

I soldi fanno vedere i ciechi e vendere il breviario ai preti.

Quando c'è abbastanza fuoco la testa del maiale cuoce bene, quando ci sono abbastanza soldi si fanno buoni affari.

Troppi soldi creano problemi, come troppo cibo provoca l'indigestione.

L'onore viene dalla diligenza, la ricchezza dall'economia.

La ricchezza e l'onore hanno le loro radici e l'intelligenza ha il suo seme.

Quale gatto non caccia i topi?

La ricchezza è tutto tranne che cacca.

Con i coltelli troppo affilati ci si taglia le dita, con troppo denaro si vive nell'infelicità.

Un uomo non diventa ricco senza truffare; un cavallo non diventa grasso senza rubare il fieno agli altri.

Gli uomini morirebbero per i soldi come gli uccelli per indigestione di riso.

Nonostante tu possa estendere i tuoi campi all'infinito, non potrai mai mangiare più di tanto riso al giorno; e nonostante possa rendere la tua casa grande come un castello, quando ti sdraierai non occuperai più spazio di prima…

I soldi possono tutto.

I soldi nascondono deformità e bruttezza.

I soldi, come la bellezza, portano sulla cattiva strada.

La capacità di comandare non dipende dall'essere benestante, l'eleganza e la grazia non dipendono dai vestiti.

Fare soldi è come scavare una buca con un ago, spenderli è come gettare acqua nella sabbia.

Chi per caso viene in possesso di un'ingente somma di denaro sarà o molto felice o molto infelice.

La ricchezza ottenuta con il furto è come neve innaffiata d'acqua calda; le terre ottenute con l'inganno sono come la sabbia nel mezzo di un ruscello.

I soldi ottenuti facendo del male faranno del male a loro volta.

Un uomo virtuoso che viene in possesso di molto denaro diminuisce la propria conoscenza, un uomo spregevole che guadagna una fortuna aumenta le proprie possibilità di fare del male.

I soldi vanno e vengono.

È molto più facile costruire una fortuna che conservarla.

L'oro e l'argento sono tutto tranne che inutili, ma dopo la morte come potrai continuare a stringerli fra le mani?

Il ricco trova parenti anche fra
gli sconosciuti; il povero trova sconosciuti
anche fra i parenti.

Chi ha soldi ma non figli non è ricco,
chi ha figli ma non soldi non può essere
considerato povero.

I soldi non possono comperare ciò che
non è in vendita.

Un ricco può permettersi di pensare
al futuro, un povero pensa solo
al presente.

Chi ha molti soldi ha altrettanti problemi,
chi non ne ha dorme tranquillo.

Chi ha sempre mangiato non conosce
la fame, chi è ricco non conosce
le difficoltà dei poveri.

Nella più affollata strada del centro
la casa del povero è sempre solitaria;
nel più desolato picco della montagna
la casa del ricco è sempre piena di amici.

L'uomo povero conserva la propria
dignità evitando di lamentarsi per la sua
condizione; il ricco lo fa evitando
di vantarsi.

Anche se sei pieno di soldi, non potrai
mai comperare un figlio tuo… anche se
non hai un quattrino puoi sempre sperare
di sposare una donna ricca.

Meglio essere poveri ma onesti che ricchi e malvagi.

La povertà è la madre dei reati.

Una lampada senza olio non dà luce;
un uomo senza denari è come invisibile.

Un povero sano vale la metà di un ricco ammalato.

Chi ha figli non può restare a lungo povero, chi non ha figli non può restare a lungo ricco.

Se hai un figlio virtuoso non hai bisogno di avere troppi soldi, perché il figlio ti basta; se tuo figlio è un mascalzone, perché preoccuparsi di dargli dei soldi?

Più si ha coscienza, meno si è ricchi; meno si ha coscienza e più si è ricchi.

I soldi adornano la casa, la virtù adorna la persona.

È più felice un povero onesto che un ricco corrotto.

Spendere è più difficile che guadagnare.

ACCORTEZZA E PERSEVERANZA

谨
慎

Non fare mai qualcosa che
ti vergogneresti di confessare
sulla pubblica piazza.

Devia il tuo cammino di un solo metro
e mancherai la tua meta di diecimila
chilometri.

Se sai che sulla collina abitano le tigri,
evita di andarci.

Anche se le mura della città sono molto
alte, c'è comunque sempre bisogno
di qualcuno che faccia la guardia ai ponti
levatoi.

Una singola mossa falsa può far perdere
al migliore dei giocatori la più facile
delle partite.

Reprimere un momento di rabbia può salvarti cento giorni di dolore.

L'impazienza può rovinare un grande piano.

Non esitare a risolvere un problema oggi, perché così facendo puoi evitare di incontrarne cento domani.

Chi vola basso, se anche cade, non si fa mai troppo male.

Per quanto la luna piena possa splendere nel cielo, non uscire di notte senza portare con te almeno una lanterna.

Se non sei un macellaio, non tentare
di uccidere un bue… se non sei
un marinaio, non provare a manovrare
una chiatta sul fiume.

Se hai bisogno di un favore, chiedilo solo
a uno che te lo possa fare…
se ti chiedono un favore, fallo soltanto
a uno che ne ha bisogno.

Se ci tieni a cenare, non insultare il cuoco
nel pomeriggio.

Ovunque tu vada, parla e gesticola come
vedi fare a chi ti circonda.

Se le tue forze sono scarse non offrirti di trasportare carichi pesanti, se le tue parole non hanno vigore non andare in giro a dar consigli alla gente.

Se vuoi vivere in pace, occupati prima di tutto degli affari tuoi.

Eccesso ed esagerazioni sono nemici degli affari così come della felicità.

Quando si tratta di agire, i ripensamenti non sono mai troppi.

Se decidi di mettere un lupo al posto del tuo cane, non ti lamentare quando ti svaligiano la casa perché nessuno ha fatto la guardia.

Non mettere un carico troppo pesante
su di una barca troppo leggera.

Usare gli abiti con diligenza è guadagnare
un abito all'anno, mangiare senza sprechi
è guadagnare un pasto al giorno.

La parsimonia rende gli uomini liberi,
lo spreco li rende schiavi.

Provare a fare qualcosa da sé è meglio
che guardare qualcun altro che la fa…
Aver fatto qualcosa cento volte,
sbagliando in ogni occasione, è pur
sempre meglio che rinunciare
al primo fallimento.

Le erbe cattive vanno estirpate alla radice.

È meglio essere troppo fiduciosi
che troppo scettici.

È meglio prevenire il male, piuttosto
che curarlo.

Nell'abbondanza pensa ai tempi
di carestia… durante la carestia
non confidare nell'abbondanza.

Chi fa tardi la sera chiacchierando
senza nulla concludere spreca candele
per nulla.

Chi pesca nell'acqua fangosa non può distinguere il pesce piccolo da quello grosso.

Se costruisci una tana per serpenti non lamentarti quando, una volta cresciuti, ti mordono.

Se allevi una tigre non stupirti quando, una volta adulta, ti azzanna.

Se vuoi comperare con convenienza non farlo prima di aver chiesto il prezzo in tre negozi diversi.

Senza spendere un po' di denaro oggi, non potrai guadagnare molto denaro domani.

Se non c'è pesce nel fiume, vai a pescare
nel lago; se non c'è pesce nel lago,
vai a pescare nel fiume.

Chi dorme non piglia pesci.

Ogni lasciata è persa.

Chi sa prevedere gli affari dei prossimi
tre giorni sarà ricco per molti anni.

La diligenza e l'economia sono le radici
della ricchezza e dell'onore, l'ozio è causa
di povertà e di disgrazia.

Chi mangia più di quanto produce finirà subito cibo e vestiti.

Chi non sa chinare la testa non potrà mai entrare nel tempio.

Fai tutto con impegno: se uccidi un maiale fallo bene.

Se intendi raderti il viso, non dimenticare di bagnartelo... ma se non intendi farlo lascialo pure asciutto.

Chi va piano va sano e lontano.

Troppi cuochi rovinano il brodo.

Non c'è nulla di difficile al mondo, l'unica cosa da temere è la mancanza di perseveranza.

È più facile versare l'acqua che raccoglierla.

Quando si raggiunge il fiume è ora di togliersi le scarpe.

Se non scali la montagna non potrai avere una visione chiara della pianura.

Se sfreghi una pietra puoi ottenere
del fuoco, se non lo fai non ottieni
neanche del fumo.

Chi sa solo sedersi e mangiare spreca
una montagna di ricchezza.

Se non entri nella tana della tigre non
puoi prenderle i cuccioli.

Meglio tornare a casa e fabbricare
una rete che rimanere nel fiume sperando
di pescare a mani nude.

Non c'è mai stato un buon lavoro
senza problemi.

Se non osi in gioventù ti pentirai
da vecchio.

Colpo dopo colpo, prima o poi la pietra
si rompe.

Chi ben comincia è a metà dell'opera.

Senza perseveranza si può anche vivere
cento anni, ma invano.

Un uomo senza determinazione è come
una spada non affilata.

Colpisci un serpente senza ucciderlo
e ritornerà a morderti.

Anche l'esercito più forte può essere distrutto, come gli alberi più robusti possono essere abbattuti.

Come quando un cavallo è sull'orlo di un precipizio è troppo tardi per tirare le redini, così quando si è attorniati da una calamità è troppo tardi per pentirsi.

La pigrizia in gioventù porta dolore nella vecchiaia.

Quando la barca ha raggiunto il centro del fiume è troppo tardi per chiudere la falla.

Se non uccidi un uomo sul colpo sarà
per sempre tuo nemico.

È più facile parlare delle buone azioni
piuttosto che farle.

Non entrare mai in un ospedale a meno
che tu non ti senta male; altrimenti l'attesa
in coda per essere ricevuto dal medico,
pagare il conto e ritirare la ricetta
ti faranno ammalare davvero.

Guardati dal curare una belva ferita,
poiché, una volta guarita, la sua natura
le consiglierà di azzannarti.

L'uomo poco previdente deve cercare
in se stesso il motivo delle proprie
sofferenze.

BUONE MANIERE

礼

貌

Non le vesti rendono l'uomo nobile,
ma le sue maniere.

Meglio non essere per nulla gentili
piuttosto che esserlo nella speranza
di riconoscenza.

Dimenticati dei favori fatti, ricordati
di quelli ricevuti.

Finché c'è cibo, è ben educato dividerlo
fra tutti i presenti.

Troppa gentilezza non offende nessuno.

Nessuna medicina può guarire dalla volgarità.

Chi non distingue le buone maniere dalle cattive non riesce nemmeno a capire la differenza tra ciò che è virtuoso e ciò che è malvagio.

Un uomo privo di buone maniere ha una conversazione spiacevole come un bue di mediocre vigore, che, quando tira l'aratro, traccia solchi irregolari.

Le buone maniere da sole non permettono di distinguere l'uomo buono da quello cattivo.

Chi si rispetta si fa rispettare, chi stima se stesso sa come farsi stimare.

Rabbia e ubriachezza sono le più grandi nemiche dell'uomo ben educato.

Perdonare è un dovere, vendicarsi un'ingenuità umana.

Ragione, virtù, generosità e bontà valgono poco se non vengono unite alle buone maniere.

L'uomo educato regalerà una spada al guerriero e una scatola di belletto a una bella signora (imparerà cioè a conoscere le inclinazioni del suo prossimo).

Se ricevi in regalo un vitello, ricambia con un cavallo.

Non preoccuparti se a cena si presenta un ospite in più: la stessa anatra che avrai cucinato per gli altri basterà anche per lui.

Meglio non invitare ospiti piuttosto che far loro soffrire la fame.

L'uomo davvero felice è quello con la casa sempre piena di invitati e il bicchiere sempre pieno di vino.

L'uomo ben educato è economo nella vita di tutti i giorni, e spendaccione quando ha un ospite in casa.

L'educazione di un uomo si riconosce quando, accogliendo degli ospiti in casa propria, li tratta tutti nello stesso modo, senza far distinzione fra parenti ed estranei.

Chi non sa accogliere un ospite in casa propria non riceverà accoglienza quando sarà fuori casa.

Se hai aspettato che il tuo vino fermentasse puoi invitare degli ospiti a berlo... se hai speso tutto il tuo denaro per gli studi potrai intrattenerli con odi o poesie.

Un regalo spedito per posta da un luogo lontano può essere leggero nel peso, ma è certo pesante nelle intenzioni.

Per quanto un affare sia di facile soluzione, è necessario occuparsene, altrimenti non verrà mai concluso; per quanto un figlio sia pieno di virtù è necessario insegnargli le buone maniere, altrimenti crescerà rozzo e ignorante.

La compagnia di un santo è piacevole anche se questi non conosce le buone maniere... la compagnia di un uomo normale è piacevole solo se questi conosce le buone maniere... ma la compagnia di un malvagio è deprecabile anche qualora questi conosca le maniere più sublimi.

L'uomo davvero beneducato dona ciò che ha senza far sentire in debito il beneficiario dei doni.

IL CONOSCERE

Impara a conoscere il nemico, e giungi
a conoscere te stesso; solo così potrai
combattere cento battaglie senza pericolo
di sconfitte.

Se vuoi che un albero cresca con
un tronco grazioso, devi cominciare
a piegarlo fin da giovane.

L'educazione è un tesoro che nessuno
può rubare.

Vedere con i propri occhi è meglio
che leggere mille libri.

Il ricordo delle opere passate
è la migliore guida per le opere future.

Chi non conosce il passato e il presente della propria nazione è solo un animale in vesti di uomo.

Studiando il passato possiamo meglio comprendere il presente, proprio come possiamo vedere la nostra immagine riflessa in uno specchio ben lucidato.

Se il campo non viene seminato, il contadino perde il raccolto; se i libri di famiglia non vengono letti, i figli cresceranno ignoranti.

La conoscenza segue gli studi, l'ignoranza è amica della pigrizia.

La mancanza di fermezza è caratteristica del maestro pigro, non di quello indulgente.

Se non c'è olio nella lampada, lo stoppino verrà sprecato inutilmente, così i precetti di un buon maestro non servono a nulla se il pupillo è svogliato o privo di qualità.

Quando un ricco finisce in miseria diventa professore.

Chi ti fa da maestro per un giorno ti sarà padre per tutta la vita.

I cattivi maestri producono uomini malvagi.

Impara a disprezzare vesti lussuose
e cibi sopraffini... e per te il *Libro delle Odi*
e quello di storia avranno sempre
un sapore delizioso.

Studiare invoglia a studiare.

Tre anni trascorsi a leggere un libro non
equivalgono a tre ore di spiegazione
da parte di un maestro.

Chi non si dedica agli studi da giovane
si pentirà della propria ignoranza
da vecchio.

Il numero delle nozioni che si possono
imparare è senza fine, ma finita è la nostra
capacità di apprendere.

La maggior parte dei segreti è facile
da imparare, ma difficile da capire.

Anche l'uomo più sapiente, per insegnare
ciò che sa, deve imparare a farlo.

Il sapere conferisce all'uomo
più grazia del più costoso degli abiti
di seta purpurea.

Spegnere il lume allo scoccare delle tre
del mattino, e svegliarsi con il canto
del gallo alle cinque: ecco che cosa
dimostra la forza di volontà
di uno studente.

Per uno studioso ogni nuova parola vale
più di mille chili d'oro.

Trascura gli studi per tre giorni di fila
e la tua conversazione diverrà insipida.

Con il lavoro si sconfigge la fame,
con lo studio si sconfigge l'ignoranza
che è alle radici della fame.

Uno studente volenteroso, anche se figlio
di contadini, può diventare presidente...
ma il figlio di un presidente, se trascura
gli studi, non riuscirà nemmeno
a diventare un buon contadino.

I libri hanno sempre un buon sapore...
il gran campo della sapienza non conosce
carestie.

Chi si dedica agli studi non ha bisogno di un palazzo: la conoscenza gli porta in dote un palazzo con mille stanze tappezzate d'oro.

Non importa la quantità di cose che si imparano, ma la loro qualità.

Le candele servono a fare luce nelle tenebre… l'educazione a fare luce nello spirito.

Il sapere è più prezioso dell'oro.

Tutti gli studiosi, di tutte le nazioni, sono fra loro fratelli.

Lo studioso è il tesoro del proprio paese.

Colma il tuo spirito di sapere, e la tua persona, non importa quali abiti abbia indosso, risulterà sempre elegante.

V'è poesia nelle immagini dipinte,
e vi sono immagini dipinte in ogni poema.

La professione dell'intellettuale
è al servizio di tre generazioni.

Diecimila 'zero' non valgono un solo 'uno'.

Dai a un ignorante un'istruzione
e gli avrai donato una seconda vita.

VIRTÙ E SAGGEZZA

Per imparare ciò che è virtuoso, mille giorni non sono abbastanza; per imparare ciò che è malvagio, un giorno solo è più che sufficiente.

Colui che desidera divenire virtuoso non dimentichi mai che l'eccesso di zelo può renderlo schiavo della sua stessa virtù.

L'amicizia dell'uomo virtuoso è insapore come l'acqua della sorgente; giova senza che ce ne accorgiamo. L'amicizia del malvagio, invece, insaporita dai più pesanti condimenti, è dannosa.

L'oro vero non teme il fuoco: la vera virtù non teme nessun nemico.

Un uomo veramente virtuoso può,
da solo, affrontare cento uomini malvagi.

L'uomo virtuoso si ricorda per cent'anni,
quello malvagio per mille.

La virtù, proprio come un gioiello
prezioso, richiede tempo e pazienza
per essere forgiata.

La virtù ama gli anziani.

La virtù dura per sempre.

La virtù è la base della felicità, il vizio
è il presagio della miseria.

L'uomo virtuoso coltiva se stesso, lo stolto
i propri appetiti.

Morire di fame è cosa di poco conto,
perdere la propria virtù è gravissimo.

Un uomo virtuoso non si vergogna
delle proprie umili origini.

Se aspiri alla virtù non guardare la bella
vita che conducono i ladri, ma osserva
la sofferenza delle punizioni in cui
si imbattono.

Colui che con la propria virtù supera il talento è un saggio, chi con i propri talenti supera la virtù è un uomo mediocre.

Ascolta le due parti e vedrai la luce della saggezza; credi a una sola e rimarrai immerso nelle tenebre della stoltezza.

Nell'acqua troppo limpida non troverai nessun pesce; nell'uomo troppo prudente nessuna saggezza.

È saggio colui che sceglie da sé il proprio destino, stolto chi segue l'opinione comune.

Il saggio dimentica i torti subiti
dai malvagi.

A volte l'occhio dello stolto vede più
di quello del saggio.

L'uomo saggio abbisogna di pochissime
parole... come un buon tamburo
non necessita di essere battuto
con troppa forza.

La saggezza è un tesoro che segue
il suo possessore ovunque: è leggera
come l'aria ma più preziosa di mille
libbre d'oro.

Il saggio ama il suo prossimo e desidera
il suo bene; il malvagio si limita
a incoraggiarne i difetti.

Il saggio regala carbone durante l'inverno;
lo stolto offre fiori alla fioraia.

Il saggio appare insapore come l'acqua
cristallina di una sorgente, ma la sua
rettitudine è resistente come il diamante;
il malvagio è dolce più del miele,
ma pronto a tramutarsi in un nemico
da un giorno all'altro.

Il saggio sa difendersi dalla propria
saggezza.

L'uomo saggio sa stare in guardia
nei momenti di calma, e sa conservare
la calma nei momenti di panico.

Il vino del saggio è la limpida acqua
di fonte, e la sua reggia una verde collina.

Meglio morire al fianco di un saggio
che trascorrere tutta la vita da stolto.

Stolto è colui che vuole osservare gli astri
standosene seduto sul fondo di un pozzo.

Chi anela alla saggezza deve per prima
cosa imparare ad ascoltare chi ne sa
meno di lui.

Chi imbroglia la propria coscienza non può aspirare alla saggezza.

Passare una notte a conversare
con un saggio è meglio che passare dieci anni a studiare.

Il saggio non ha età.

La cortesia è la regola dei saggi, la legge quella degli uomini mediocri.

L'uomo saggio non ha bisogno
di un mezzano per trovare una buona moglie: la sua sapienza è amica di mille donne belle come la giada.

Il saggio non si preoccupa per il futuro, perché non è ancora venuto… e non si cruccia per il passato, perché è concluso e non si può mutare.

Per raggiungere la saggezza non sottovalutare mai i vizi: non provarne nessuno; e non sottovalutare mai le virtù: praticale tutte.

Un ladro è un uomo mediocre, ma nel suo mestiere è più abile di un saggio.

Moltissimi uomini saggi sono schiavi di uomini pazzi.

Sulle montagne non è facile trovare alberi diritti; ma nel mondo è ancora meno facile trovare uomini retti.

Tra i prepotenti ce n'è sempre uno che prevale, ma fra gli illuminati tutti sono uguali.

Il cuore di ogni bambino è illuminato come quello di Buddha.

L'illuminato osa giudicare solamente se stesso.

Come la polvere non può macchiare uno specchio lucido, così il vizio non può prodursi in uno spirito illuminato.

I cieli, la terra, gli uomini e lo spirito
gioiscono nell'umiltà e disdegnano
la superbia, i modesti sono benedetti
e l'orgoglio subisce le calamità.

Non biasimare mai te stesso meno
di quanto faresti con gli altri;
non perdonare mai te stesso più
di quanto faresti con gli altri.

Chi mi lusinga è un nemico, chi mi
rimprovera è mio maestro.

Non aver paura degli uomini che parlano
male di te, ma temi quando agisci male.

Fare del bene per dieci anni non
è abbastanza, fare del male un giorno
è anche troppo.

L'uomo virtuoso s'incammina verso
la morte come se stesse ritornando
a casa propria.

Per lo stolto la luna straniera è sempre
un po' più rotonda di quella
del proprio paese.

Una minuscola foglia davanti agli occhi
può nascondere alla vista il monte
Taishan.

DESTINO E FORTUNA

Il panno che cade nell'inchiostro rosso
diventa rosso, quello che cade
nell'inchiostro nero diventa nero.

Chi ha ricevuto dal fato le colline brucerà
gli alberi, chi ha ricevuto un fiume berrà
l'acqua.

Se il destino lo vuole vi incontrerete,
altrimenti vi perderete.

La ricchezza e l'onore sono distribuiti
dal destino, ma non sempre arrivano
al momento opportuno.

Se il cuore è buono e la fortuna favorevole le ricchezze e l'onore saranno tuoi per tutta la vita; se il tuo cuore è buono ma la sorte è avversa il cielo e la terra ti proteggeranno; se hai una fortuna favorevole ma non un cuore buono la tua vita si spezzerà presto; se sia sorte sia cuore sono pessimi vivrai nel dolore e nell'umiliazione.

Le malattie si possono curare, il destino no.

Felicità e disgrazie hanno la loro origine nel fato.

Se sei destinato ad avere una buona fortuna questa arriverà; se non lo sei non serve lottare per averla.

Se concupisci la ricchezza non arriverà,
se non la concupisci arriverà da sola.

Un uomo fortunato sembra sempre onesto e sincero, e se chiede un prestito glielo si concede; un uomo sfortunato pare debole e sporco, e non gli si concedono prestiti.

Più si è poveri e più diavoli si incontrano.

Coloro che sono vicini a un funzionario ricevono onori, chi a una cucina cibo.

Le opportunità di un uomo dipendono dalla gioventù, quelle di un giorno dall'alba, quelle di una famiglia dall'armonia e quelle di una vita dall'operosità.

Chi si accontenta del proprio destino, sebbene povero, è un uomo felice; chi non si accontenta, sebbene ricco, è un uomo triste.

Quando il melone è maturo si stacca dalla pianta da solo.

I grandi possedimenti dipendono dal destino, quelli piccoli dalla diligenza.

Quando c'è già il vento a ravvivare il fuoco, non c'è bisogno che lo faccia anche tu.

Un uomo solo deve sottostare al proprio destino, ma non c'è nulla nel destino di un popolo che la sua unità e forza di volontà non possano cambiare.

La fortuna è muta: non si annuncia. È sorda: non ascolta le preghiere di chi la invoca. È cieca: non sceglie chi favorire. Infine la fortuna è povera: preferisce bussare alle porte dei ricchi.

Indice